À Marie Chabanis

Loi numéro 49 956 du 16 juillet 1949 sur les publications
destinées à la jeunesse : janvier 2008
Dépôt légal : octobre 2011
Imprimé en France par Jean-Lamour à Maxéville
ISBN 978-2-211-09080-3

Michel Gay

la provision de bisous de ZOU

l'école des loisirs
11, rue de Sèvres, Paris 6e

Cette année, Zou va en colonie de vacances. Il paraît qu'on fait plein de trucs en colonie. Avant de partir, Zou s'entraîne un peu avec son équipement. Maman lui étiquette son nom sur ses vêtements, pour qu'on ne les confonde pas avec ceux des autres petits zèbres.

En voyant son nom cousu sur son pyjama, Zou comprend qu'il va aussi dormir en colonie de vacances, sans son papa et sa maman pour lui faire des bisous au coucher et au réveil. Du coup, il n'a plus tellement envie de partir en colonie de vacances.

« Ne t'inquiète pas », dit Papa, « avec Maman, nous te préparons une provision de bisous que tu pourras garder sur toi. »

Papa et Maman s'embrassent
en mettant un papier entre leurs bouches : ça fait deux bisous d'un coup !
D'un côté, le bisou de Maman, de l'autre côté, le bisou de Papa.

On reconnaît les bisous de Maman grâce au rouge à lèvres.
Papa et Maman plient les petits papiers, une fois, deux fois, trois fois.
On dirait des bonbons dans leur belle boîte en fer.

C’est le jour du départ. Zou est prêt.
«Voici ta provision de bisous. Il y a suffisamment de bisous pour t’endormir et te réveiller tous les jours», dit Papa.
«Et même un peu plus», dit Maman.

Papa et Maman accompagnent Zou à la gare. C’est là que Zou rencontre
les autres petits zèbres qui partent aussi en colonie de vacances.

Les petits zèbres sont très excités car ils vont passer la nuit dans le train.
Ils ne font pas attention à Zou. Il n'y a que ses parents qui le regardent.
Zou fait semblant de ne pas les voir pour faire grand.

Quand le train démarre, Zou ne peut s’empêcher de regarder quand même.
«Au revoir ! Bon voyage ! » Les grands zèbres quittent les petits zèbres.

Dans le train, les monitrices distribuent des couvertures et des oreillers pour la nuit.
Elles consolent ceux qui n'avaient pas compris que leur papa et leur maman
ne partaient pas avec eux.

Depuis un moment, Zou a bien envie d'un bisou. Il attend que les lumières soient éteintes pour ouvrir sa boîte. Si jamais on le voit, il dira que c'est un médicament.

Sous sa couverture, Zou presse très fort le papier sur sa joue pour sentir les bisous.
Hum ! C'est bon. Zou est raisonnable,
il n'en prend qu'un et essaie de fermer les yeux pour s'endormir.

Mais il y a un bébé qui empêche tout le monde de dormir.
Il veut absolument son papa et sa maman.
Personne n'arrive à le consoler, même la plus douée des monitrices.

Zou se sent encore petit.
Lui aussi est un peu malheureux.
Il commence à avoir du chagrin.

Cette fois, Zou a besoin de deux bisous d'un coup.
Il appuie très fort sur ses oreilles pour ne plus entendre le bébé pleurer.

Quand même, Zou est un peu honteux, il sait qu'il pourrait consoler le petit.

« Est-ce que tu voudrais un bonbonbisou ? » demande Zou.
Le petit zèbre s'arrête de pleurer immédiatement : « C'est quoi ? »
« C'est comme une décalcomanie », dit Zou, « sauf que c'est des bisous au lieu d'un dessin. »

«Déplie ce petit papier et colle-le sur ta joue.
D'un côté, il y a un bisou de Papa, et de l'autre, là où c'est rouge, un bisou de Maman.»
La conversation intéresse d'autres zèbres.

«Ça va mieux maintenant ?» demande Zou au petit.
Le petit hoche la tête et renifle encore un peu. «Tu en veux encore un ?» propose Zou.
«Moi, je veux bien en avoir un», dit un autre zèbre.

« Et moi aussi », dit une autre petite zèbre.
Tous les zèbres, même les moins petits, veulent bien un bonbonbisou.

Zou distribue toute sa provision de bisous. Il ne lui en reste plus un seul.
Tous les zèbres finissent par s'endormir.

Le lendemain matin, Zou est réveillé par le soleil.
« Il paraît qu'on voit déjà la mer ! »

Tous les zèbres veulent prendre leur petit déjeuner avec Zou.

«Ça y est! On est arrivés!»
Zou donne sa boîte au petit.
Il n'a plus trop le temps de penser aux bisous.
Il est très occupé avec ses nouveaux copains.